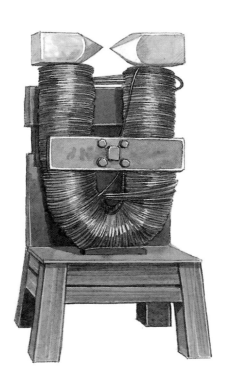

Título original del libro
Faraday and the Science of Electricity

Título original de la colección
The Explosion Zone

Autor
Brian Williams estudió Inglés antes de dedicarse a la educación primaria y secundaria. Trabajó en la Enciclopedia Británica durante varios años como editor de Británica Infantil y ahora es escritor de tiempo completo.

Ilustrador
David Antram nació en Brighton, Inglaterra, en 1958. Estudió en Eastbourne College of Art y trabajó en publicidad durante quince años antes de ser artista de tiempo completo. Ha ilustrado muchos libros de no ficción para niños.

Creador de la serie
David Salariya

Edición en inglés
Karen Barker Smith

Williams, Brian
  Faraday y la ciencia de la electricidad / escrito por Brian Williams ; ilustrado por David Antram. -- Bogotá : Panamericana Editorial, 2005.
  32 p. : il. ; 24 cm. -- (Zona de explosión)
  Incluye glosario e índice.
  ISBN 978-958-30-1847-3
1. Faraday, Michael, 1791-1867 2. Científicos – Biografías – Literatura infantil 3. Electricidad – Historia – Literatura infantil I. Antram, David, 1958-, il. II. Tít. III. Serie.
I925.4 cd 19 ed.
AJF3490

    CEP-Banco de la República-Biblioteca Luis Ángel Arango

Editor
Panamericana Editorial Ltda.

Traducción
Diana Esperanza Gómez

Primera edición en Panamericana Editorial Ltda., junio de 2007
Primera edición, The Salariya Book Company Ltd., 2004
© 2004 The Salariya Book Company Ltd.
© 2005 de la traducción al español: Panamericana Editorial Ltda.
Calle 12 No. 34-20. Tels.: 3603077 - 2770100
Bogotá, D.C., Colombia
Fax: (57 1) 2373805
Correo electrónico:
panaedit@panamericanaeditorial.com
www.panamericanaeditorial.com
Bogotá, D. C., Colombia

ISBN 978-958-30-1847-3

Impreso en Colombia   Printed in Colombia

Faraday
y la ciencia de la electricidad

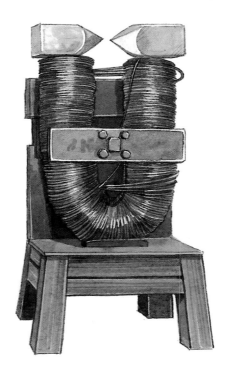

Escrito por
Brian Williams

Ilustrado por
David Antram

Zona de Explosión

PANAMERICANA
EDITORIAL

Contenido

Introducción   5

¿Qué es la atracción?   6

¡Lo leyó todo!   8

Chispas que viajan   10

¡Carga!   12

Dando vueltas   14

Embobinado   16

Encendido   18

Un generador   20

El primero en el campo   22

Alumbrando   24

Descubrimientos electrizantes   26

El futuro gracias a Faraday   28

Glosario   30

Índice   32

Introducción

Te imaginas un mundo sin electricidad? ¿Sin luz eléctrica al oprimir el interruptor, sin energía para calentar nuestro hogar, cocinar, prender el automóvil o hacer funcionar el televisor o el computador?

Cuando Michael Faraday nació, la electricidad no existía como hoy la conocemos. La gente se preguntaba por qué un peine atraía el papel o por qué los rayos provocaban incendios. Todos se asombraban cuando los inventores presentaban máquinas que generaban chispas (la electricidad) o producían descargas eléctricas en la gente. Cualquiera que fuese la causa de las chispas, era considerada un misterio poco útil para todos hasta la época de Faraday. Él nos enseñó cómo producir electricidad y cómo construir máquinas eléctricas. Faraday oprimió el interruptor que encendió el mundo moderno.

¿Qué es la atracción?

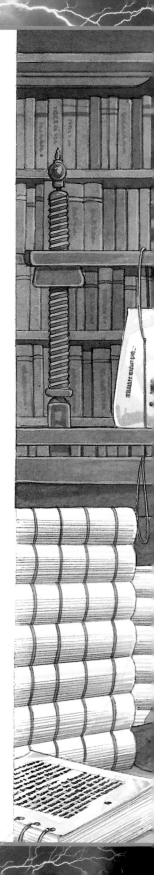

**M**ichael Faraday nació el 22 de septiembre de 1791; fue el tercer hijo de Margaret y James Faraday, un herrero que se trasladó del norte de Inglaterra a Londres en busca de trabajo. Los Faraday eran una familia religiosa que asistía a la iglesia todos los domingos; aunque eran humildes, pagaban una pequeña cantidad de dinero a la semana para enviar a Michael al colegio.

Cuando Michael tenía trece años debió empezar a laborar. Consiguió trabajo con un encuadernador cerca de Oxford Street, en Londres. Su jefe, George Riebau, lo enviaba a hacer mandados que le permitieron conocer la ciudad. Al poco tiempo el señor Riebau se dio cuenta de que Michael era muy inteligente. Mientras el muchacho pegaba alegremente las cubiertas de los libros, los leía. A Michael le encantaba aprender acerca de los inventos y la ciencia. Leyó sobre electricidad en una enciclopedia y así encendió las chispas de su imaginación.

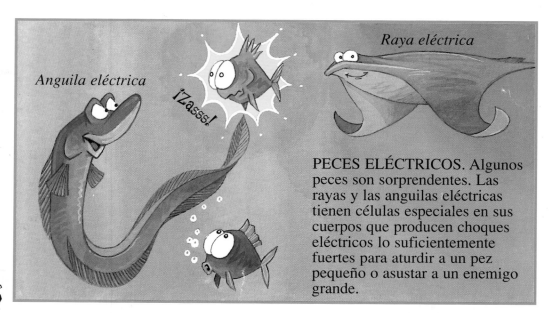

Anguila eléctrica

¡Zasss!

Raya eléctrica

PECES ELÉCTRICOS. Algunos peces son sorprendentes. Las rayas y las anguilas eléctricas tienen células especiales en sus cuerpos que producen choques eléctricos lo suficientemente fuertes para aturdir a un pez pequeño o asustar a un enemigo grande.

Al friccionar algunas sustancias entre sí se genera en ellas atracción mutua...

Explicación

Misteriosa atracción

Hace casi dos mil años, en Grecia antigua, la gente se preguntaba por qué una pluma se adhería a un trozo de ámbar. Ámbar en griego se decía *elektron*. Los científicos saben ahora que cuando se frota el ámbar contra un pedazo de tela se produce electricidad estática.

PEINARSE RÁPIDAMENTE GENERA FRICCIÓN: se trasladan los electrones de tu cabello a la peinilla. Cuando la peinilla ha atraído más electrones que protones posee una carga negativa (-). Pero si tu cabello tiene más protones que electrones, su carga es positiva (+): (-) y (+) se atraen entre sí. Entonces, el cabello se dirige hacia la peinilla.

¡Lo leyó todo!

Faraday asistía con frecuencia a conferencias científicas. Allí se hizo amigo de jóvenes que deseaban aprender. La ciencia estaba de moda. Un día, Faraday recibió entradas para una conferencia de Humphry Davy, el científico estrella del Royal Institution, un club para gente interesada en ideas nuevas. Sus charlas estaban llenas de "efectos especiales": modelos a escala de volcanes, humo de colores y ráfagas del "gas de la risa" (óxido nitroso) que provocaba ataques de risa. Faraday tomaba notas y hacía dibujos durante las conferencias y se las enviaba a Davy pidiéndole una oportunidad de trabajo. En octubre de 1812 Davy casi se electrocuta realizando un experimento. Necesitaba un asistente.

EN *FRANKESTEIN* (1818), LA NOVELA DE MARY SHELLEY, un científico utiliza la electricidad para darle vida a un monstruo. La gente estaba fascinada con los trucos con alambres y pilas.

CUADERNOS. Faraday conservó sus notas y dibujos toda su vida. Pensaba que los experimentos podían responder muchas preguntas científicas.

LUIGI GALVANI. En 1771 este científico italiano observó cómo la pierna de una rana muerta temblaba al ser tocada por dos metales diferentes. ¿Por qué? La respuesta era una corriente eléctrica.

Chispas que viajan

Humphry Davy contrató a Faraday como su asistente. En 1813 partieron a un largo viaje por Europa. Faraday trabajó junto a Davy, pero también pudo conocer a mucha gente famosa. Habló con André Ampère, un científico francés que sabía por qué la electricidad viajaba a lo largo de un circuito. En Italia, Davy y Faraday visitaron a Alessandro Volta, el inventor de la pila eléctrica. Antes de Volta, la única manera de conocer la electricidad era a través de la fricción.

Las máquinas de fricción producían chispas que eran atrapadas y almacenadas en una botella de Leyden. Nadie sabía cómo crear un flujo continuo de corriente eléctrica lo suficientemente potente para iluminar una habitación o hacer funcionar una máquina. Al utilizar la pila de Volta la gente podía realizar experimentos eléctricos.

Carga recolectada por una peinilla metálica

Botella de Leyden

La carga salta de bola en bola y dentro de la botella

Máquina de fricción (a la derecha)

El cuero frotado contra el vidrio (fricción) produce una carga eléctrica

10

Plata

Cinc

Alessandro Volta

Papel húmedo
sumergido
en sal

Pila voltaica

Cómo funciona una pila

Barra de carbón (+)

Pasta química

Envoltura de cinc (-)

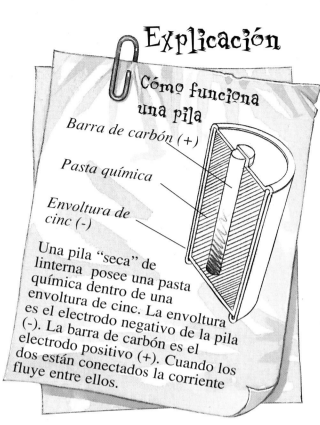

Una pila "seca" de linterna posee una pasta química dentro de una envoltura de cinc. La envoltura es el electrodo negativo de la pila (-). La barra de carbón es el electrodo positivo (+). Cuando los dos están conectados la corriente fluye entre ellos.

Inténtalo tú mismo

PILA DE LIMÓN. Haz dos ranuras en un limón. Pasa una moneda de cobre por una de ellas y una lámina de cinc por la otra; adhiere los metales a un alambre para formar un circuito. Los metales reaccionan con el ácido del limón produciendo una pequeña corriente eléctrica, suficiente para que tu lengua vibre o incluso para encender una bombilla pequeña.

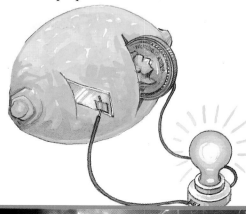

Bola metálica

Tapa

Cadena metálica

Botella de vidrio

Lámina metálica delgada

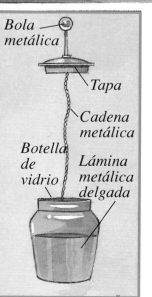

PILA VOLTAICA. En la pila de Volta se colocaron parejas de discos de plata y cinc separadas entre sí por papel o pedazos de tela empapados de agua con sal (arriba). Esta pila produjo electricidad gracias a la reacción química generada en los discos húmedos de la pila.

CARGAS ALMACENADAS. En 1745, un científico en el pueblo holandés de Leyden hizo la "botella de Leyden". Era un frasco cubierto con una lámina metálica. Al funcionar la máquina de fricción, se producía electricidad estática que saltaba al frasco (izquierda). La botella de Leyden podía almacenar esa electricidad. Aquella fue el primer condensador que se inventó.

¡Carga!

Davy, por lo general, dejaba a Faraday encargado de su laboratorio en el Royal Institution de Londres. Ambos inventaron una lámpara de seguridad para los mineros, realizaron experimentos con químicos, ¡y estallaron objetos en tubos de ensayo! Faraday fue a estudiar la producción del hierro en Gales durante un tiempo; como era hijo de un herrero le encantaba el tema.

En octubre de 1820, Davy apareció con noticias fascinantes. Un científico danés, Hans Oersted, encontró la relación entre magnetismo y electricidad. Logró pasar corriente por un alambre colocado cerca de una brújula magnética e hizo que la aguja de ésta vibrara. Faraday se preguntó si podría usar imanes para producir electricidad.

¡BUM!

LÁMPARA DE DAVY. El fuego era un modo muy peligroso de alumbrar las minas de carbón. El secreto de la nueva lámpara era la malla metálica que enfriaba el calor producido por la mecha que se quemaba. Así se prevenían explosiones evitando que el calor inflamara el gas metano que había en las minas. La lámpara de seguridad (opuesta) fue bautizada en honor a Davy, pero Faraday le ayudó a fabricarla.

INVESTIGACIÓN SOBRE EL TECHO. Un día, en 1819, Faraday subió al techo del Royal Institution para realizar un experimento. Amarró un alambre al tubo de una chimenea y lo bajó por ésta hasta su laboratorio. Durante una tormenta, cargó completamente una botella de Leyden con electricidad.

Es un milagro, pero aún está un poco oscuro aquí adentro.

Explicación

Polos magnéticos

La Tierra es un imán, al igual que algunos metales. Si se cuelga del centro un imán, éste se mecerá hasta cuando uno de sus dos extremos señale hacia el norte. Los extremos de un imán se llaman norte (N) y sur (S).

(1) N — N

(2) N S — N

Los polos opuestos, N y S, se atraen entre sí (2). Del mismo modo polos iguales, N y N, S y S, se alejan o repelen (1).

Hans Oersted

LA AGUJA DE OERSTED

Hans Oersted le enseñaba a un grupo de alumnos cómo, mientras la corriente de una pila pasaba a lo largo de un alambre, la aguja de una brújula, colocada cerca a aquél oscilaba. Así demostró que la corriente eléctrica producía un campo magnético.

Cubierta metálica

Mecha

Lámpara de Davy

Dando vueltas

Faraday tenía otras cosas en su mente además de los imanes y las pilas. En junio de 1821, se casó con su amada Sarah Barnard y establecieron su hogar en las habitaciones del Royal Institution.

Faraday estaba escribiendo un artículo para una revista acerca del electromagnetismo cuando tuvo una gran idea. Regresó al laboratorio en septiembre de 1821 y juntó cuidadosamente sus artefactos eléctricos: corchos, alambres, botellas de vidrio, mercurio, imanes y pilas de tipo Volta. Le explicó a Sarah y a su sobrino George que estaba seguro de poder hacer que un alambre imantado girase utilizando corriente eléctrica. Conectó todas sus piezas a una pila. ¡Lo logró! El alambre giró alrededor del imán. George y Faraday bailaron con alegría observando el primer motor eléctrico.

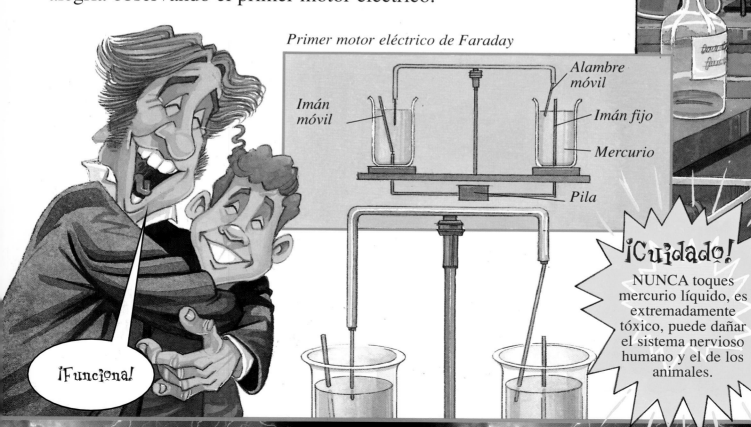

Primer motor eléctrico de Faraday

Alambre móvil

Imán móvil

Imán fijo

Mercurio

Pila

¡Funciona!

¡Cuidado!

NUNCA toques mercurio líquido, es extremadamente tóxico, puede dañar el sistema nervioso humano y el de los animales.

Circuito eléctrico

Dirección de la corriente eléctrica

Bombilla

Interruptor

Pila

La electricidad fluye solamente a través de un circuito. Si lo interrumpes, detienes el flujo de corriente. Así funciona un interruptor de luz: al moverlo hacia un lado el circuito se apaga. Al devolverlo permites que la corriente fluya de nuevo.

EL PRIMER MOTOR ELÉCTRICO.
Dos recipientes con mercurio formaron parte del circuito eléctrico (opuesta). En cada recipiente había un imán. Cuando la corriente de la pila pasaba a través del circuito, el alambre "libre" o móvil, giraba alrededor del imán fijo.

UNA DISPUTA SIN IMPORTANCIA.
El descubrimiento de Faraday lo hizo famoso, pero Humphry Davy estaba muy celoso. Davy hizo correr el rumor de que Faraday había tomado esta idea de William Wollaston, otro científico. Esto no era cierto.

15

Embobinado

La disputa con Davy molestó a Faraday, además Davy empezó a tratarlo como a un sirviente. Sin embargo, Faraday había hecho amistad con Wollaston y recibió cartas de felicitación de Ampère y de otros científicos. Los Faraday vivieron felices arriba del laboratorio, desde allí se escuchaban explosiones, destellos y ruidos fuertes. Una gran explosión en 1823 señaló un nuevo inicio: Faraday había transformado un gas (cloro) en líquido. Disfrutaba dictando conferencias en el Royal Institution donde la gente intercambiaba ideas. "Alumbramos la casa", escribió con alegría en una carta. Faraday estaba muy ocupado realizando experimentos con bobinas de alambre e imanes; y leyó cómo William Sturgeon (en 1825) y el científico americano Joseph Henry (en 1829), crearon electroimanes que levantaban grandes cantidades de hierro.

SILLA ELECTROMAGNÉTICA. Faraday fabricó electroimanes enrollando trozos de alambre alrededor de una barra de hierro en U. Era tan pesada que la colocó sobre una silla (arriba). Cuando los alambres se conectaban a una pila, la barra de hierro se transformaba en un imán.

ELECTROIMANES EN EL TRABAJO. Los electroimanes son muy útiles en las chatarrerías modernas cuando se cuelgan de la cadena de una grúa.

Cuando la corriente se mueve, el electroimán empieza a trabajar. Los más grandes pueden levantar automóviles antiguos. Cualquier objeto que contenga hierro es atraído.

EXPOSICIONES DESLUMBRANTES. Las conferencias navideñas que Faraday dictaba para niños, eran un evento anual. Le encantaba asombrar a su auditorio con lluvias de chispas y arcos eléctricos brillantes. Algún día los niños podrían ver la luz eléctrica en su hogar.

Explicación

Bobinas electromagnéticas

La corriente incrementa el magnetismo si el alambre por el cual fluye tiene forma de arco.

Varios arcos forman una bobina, así el efecto magnético es más fuerte.

Si la bobina se encuentra alrededor de una barra de hierro y ella a su vez está conectada a un circuito ¡tienes un electroimán! Sin corriente no hay magnetismo.

Encendido

La religión cristiana fue un aspecto muy importante en la vida de Faraday, de hecho pensaba que todo podría estar conectado por hilos invisibles. La electricidad producía magnetismo; ¿podría el magnetismo producir electricidad? En agosto de 1831 lo probó. Enrolló dos bobinas largas de alambre sobre los lados opuestos de un anillo de hierro. Luego conectó los extremos de los alambres a la aguja de una brújula. Cuando el otro extremo de los alambres tocó la pila, la aguja osciló. La corriente parecía haber "saltado". El campo magnético alrededor de la primera bobina había provocado una corriente en la segunda bobina. La inducción electromagnética fue posible. En octubre, Faraday ya había fabricado un generador simple.

ANILLO DE INDUCCIÓN. Faraday enrolló dos bobinas de alambre de cobre (un total de casi 36 metros) alrededor de un anillo de hierro de 15 centímetros de diámetro. Utilizó cordel y tela de algodón como aislantes. Cuando la corriente se generó, la aguja vibró hacia un lado; al apagar la corriente, la aguja vibró hacia el otro lado.

LEALTAD. En 1827 le pidieron a Faraday que fuera profesor de Química en una nueva universidad de Londres. Amablemente dijo que no. Prefería permanecer en el Royal Institution, el cual había sido, según dijo, su "fuente de conocimiento y placer durante 14 años".

Explicación

Cómo funciona la inducción

pila

2ª bobina

1ª bobina

interruptor

anillo de hierro

aguja de la brújula

Al fluir la corriente a través de la primera bobina generó un campo electromagnético alrededor de ella. El magnetismo creó una pequeña explosión de corriente en la segunda bobina, haciendo que la aguja de la brújula se moviera. Lo mismo ocurrió, en dirección opuesta, cuando Faraday cortó la corriente.

MOVIENDO EL IMÁN. El 17 de octubre de 1831, Faraday intentó deslizar una barra magnética adentro y afuera de una bobina. De nuevo, la aguja de la brújula se movió. Movimiento y magnetismo: había encontrado un mejor modo de producir o generar electricidad.

Barra magnética

Aguja de la brújula

Bobina

Un generador

araday se dio cuenta de que producir electricidad para hacer funcionar las máquinas requería energía. Entonces aprovechó la facultad muscular de su asistente, Charles Anderson, para hacer girar una máquina hecha con una rueda y una correa. La máquina hacía girar rápidamente un disco de cobre entre los polos de un imán en forma de U. Faraday gritó con entusiasmo cuando observó que la aguja se movía y después permanecía en su nueva posición, lo cual demostraba que la corriente estaba fluyendo. Su disco giratorio era un generador. En cuanto se mantuviera girando, entre los polos del imán se produciría electricidad, –algún día la cantidad suficiente para mover vehículos y maquinaria en las fábricas–. Ni siquiera Faraday fue consciente de la magnitud de este nuevo hallazgo.

Charles Anderson

El primero en el campo

araday nunca fue tan feliz como en su laboratorio. Mientras trabajaba, saltaba de un pie a otro frotando sus manos y entonando alguna canción. Estaba seguro de que los imanes, las cargas estáticas y la corriente eléctrica producían campos de fuerza. Estudió los patrones que las limaduras de hierro producían en una tarjeta cuando se colocaba un imán cerca de ellas. En su mente observaba campos electromagnéticos por doquier, invisibles como el aire donde los pájaros vuelan y las cometas se elevan. La idea de "campos de fuerza" empezó con Faraday. Cuando no trabajaba compartía con su familia y salía de vacaciones a la playa.

CHARLES ANDERSON era un sargento retirado del ejército y el asistente ideal. Nunca se quejó, aun cuando se mantenía despierto toda la noche sólo porque a Faraday se le olvidaba decirle que fuera a casa.

A FARADAY LE ENCANTABA JUGAR con sus sobrinos. Para divertirlos, construyó un velocípedo de cuatro ruedas (una especie de bicicleta) que manejaba por Hampstead Heath.

Ven a dar una vuelta en mi velocípedo. Funciona empujando los pedales.

Velocípedo

Explicación

Campo electromagnético

Las limaduras de hierro muestran la presencia de un campo magnético. Ellas permanecen dispersas sobre una tarjeta (1) cuando no hay corriente a lo largo del alambre.

(1)

Alambre

Cuando la corriente fluye, las limaduras de hierro forman una especie de anillo (2). Éste muestra dónde se encuentra el campo electromagnético.

(2)

23

Alumbrando

El generador creado por Faraday inspiró a otros inventores a producir generadores más grandes, impulsados por máquinas de vapor. Él demostró cómo trabajaba un motor eléctrico pero dejó que otros produjeran los primeros motores eléctricos para máquinas. Éstos llegaron en la década de 1870, después de la muerte de Faraday.

Faraday tampoco vivió para ver las bombillas eléctricas. Supo cómo funcionaban porque había observado alambres muy delgados que brillaban y se calentaban cuando la corriente eléctrica fluía a lo largo de ellos. También supo acerca de los arcos eléctricos inventados en 1812 y las primeras luces eléctricas. Esta luz eléctrica producía una chispa brillante muy fina como para un teatro pero demasiado fuerte como para leer en casa. Durante la noche Faraday trabajaba con luz de gas o encendía una vela. La primera bombilla eléctrica que funcionó sin quemarse o explotar, fue inventada en la década de 1870 por Joseph Swan en Inglaterra y Thomas Edison en Estados Unidos.

Faraday, experimentando con un arco eléctrico

Explicación

¿Cómo funciona una bombilla eléctrica?

Filamento

En una bombilla existe un alambre muy delgado llamado filamento, rodeado de gas. El alambre delgado tiene más resistencia a los electrones que contiene la electricidad que el alambre grueso. Cuando la corriente fluye, el alambre se calienta y brilla produciendo la luz.

Filamento

Alambres que portan corriente desde y hacia el filamento

Contacto con la fuente de energía

FARADAY SIGUIÓ ESCRIBIENDO en sus cuadernos al darse cuenta de que su memoria se extinguía a medida que envejecía. Creó algunas de las palabras que aún usamos acerca de la electricidad, incluyendo ánodo, cátodo y electrodo.

Descubrimientos electrizantes

E n 1839 Faraday se enfermó de tanto trabajar y cuando regresó a la investigación, trató de utilizar un imán gigante para flexionar la luz. Incluso intentó utilizar la luz solar para producir electricidad. No tuvo éxito, pero su idea acerca del poder solar fue retomada posteriormente para producir la celda fotoeléctrica.

Siguió experimentando con conductores y aislantes. La electricidad es peligrosa y le produjo quemaduras y choques eléctricos; tenía que encontrar la forma de aislar el equipo para poder trabajar con la corriente eléctrica sin riesgos. Esto significaba largas horas de trabajo envolviendo cuidadosamente alambres en tela, cuerda o algún otro material.

CONDUCTORES. Faraday realizó experimentos con la botella de Leyden para encontrar el mejor conductor de energía. La plata era buen conductor, como la zanahoria (estando húmeda). Como el cobre era barato, utilizó alambre de cobre.

Botella de Leyden

SINTIÓ LA TENSIÓN.
Faraday creyó que la energía se encontraba en todo lo que había alrededor, fluyendo a través del universo. Él esperaba que el secreto de la energía universal estuviera en la electricidad. Tristemente, su propia energía fallaba. Faraday había trabajado arduamente y se sentía muy enfermo. Durante seis años realizó muy poco trabajo científico y rara vez se le vio en público.

Explicación

corriente eléctrica

Alambre
Aislamiento
Pila desconectada

La corriente eléctrica es una fuente de electrones. Usualmente los electrones se mueven en diferentes direcciones. Cuando la batería se conecta a un alambre de cobre, empuja en la misma dirección todos los electrones que se encuentran en el alambre. Ellos fluyen por el alambre como una corriente. El aislamiento alrededor del alambre evita que los electrones se escapen.

Pila conectada

Electrón

AISLANTES. Para aislar alambres, Faraday los envolvía en material no conductor. Intentó con cuero, pergamino, cabello, cordel, tela, madera, e incluso plumas. El plástico es un buen aislante, pero en la época de Faraday no existía.

CONFERENCIAS DE NUEVO. En la década de 1850 el científico más famoso de Inglaterra estaba de nuevo dando conferencias. Advirtió que pocos niños estaban aprendiendo ciencia.

¡No juegues con el cableado eléctrico!

PRECAUCIÓN: Utiliza solamente una pila pequeña (1,5 voltios) cuando realices experimentos sencillos. Cualquier voltaje te puede causar quemaduras en la piel, y un gran voltaje te puede causar la muerte. Habla con un profesor antes de trabajar con corriente eléctrica.

27

El futuro gracias a Faraday

Faraday recibió muchos honores, pero prefirió seguir siendo el señor Faraday en vez de ser llamado "sir". Murió el 25 de agosto de 1867.

Quince años después, Thomas Edison alumbró las calles de la ciudad de Nueva York. Faraday no vivió para observar las maravillas que se generaron gracias a su trabajo: los trenes eléctricos, los computadores y la televisión. En 1858 había escrito: "Dejemos volar la imaginación guiada por el juicio y el principio pero sosteniéndola y dirigiéndola con el experimento". Grandes científicos, como Ernest Rutherford y Albert Einstein, llamaron a Faraday el gran pionero de la electricidad.

Cierto día una mujer le preguntó: "¿Para qué sirve lo que usted sabe?", y Faraday le contestó: "Señora, ¿para qué sirve un niño recién nacido?".

REGALO REAL. La reina Victoria le regaló a los Faraday una casa en Hampton Court. Michael vivió allí desde 1858 hasta su muerte.

Explicación

De la central eléctrica a casa

Los transformadores aumentan la potencia eléctrica desde 22.000 hasta casi 700.000 voltios, para enviarlo por el cableado a lo largo del país.

Transformador

Otros transformadores disminuían o bajaban el poder, para que fuese utilizado con precaución en nuestro hogar (110 a 240 voltios). Este sistema se lo debemos a Faraday y sus bobinas de alambre: los primeros transformadores.

La tecnología que hoy damos por hecha fue posible gracias al trabajo de Faraday.

29

Glosario

Aislante. Cualquier material que bloquea el flujo de corriente eléctrica.

Ámbar. Resina fósil, del árbol de pino, dura y de color amarillo oscuro, conocida en Grecia antigua con el nombre de *elektron*.

Arco eléctrico. Luz eléctrica inventada por Davy en 1812, la cual producía una chispa brillante entre alambres con puntas de carbón.

Campo magnético. Líneas de fuerza alrededor de los polos de un imán.

Carga. Cantidad de electricidad acumulada.

Celda fotoeléctrica. Implemento para transformar luz en energía eléctrica.

Célula. Unidad pequeña que compone los tejidos vivos de los animales y las plantas. También es un artefacto químico para producir electricidad.

Circuito. Recorrido completo realizado por la corriente eléctrica a lo largo de un conductor adecuado.

Condensador. Implemento para almacenar carga eléctrica.

Conductor. Sustancia que permite que la electricidad fluya fácilmente a través suyo.

Corriente. Flujo de electrones a lo largo de un conductor.

Diámetro. Medida de la parte media de un círculo.

Electricidad estática. Carga eléctrica que no se mueve.

Electrodo. Metal o algún otro conductor que permite que la corriente eléctrica entre o salga de un aparato eléctrico.

Electroimán. Imán que funciona solamente cuando una corriente pasa a través de una bobina de alambre enrollada alrededor de una barra de hierro.

Electrón. Parte de un átomo que porta una carga eléctrica negativa (-).

Fricción. Fuerza que actúa sobre una superficie al frotarla con otra.

Gasa. Malla o red de alambre.

Generador. Máquina que produce electricidad a partir de energía mecánica.

Limadura de hierro. Trozos pequeños de hierro que son afectados con facilidad por un imán.

Magnetismo. Fuerza invisible que atrae algunos metales y es producida por una corriente eléctrica y por algunas sustancias.

Máquina de vapor. Máquina que utiliza el vapor del agua hirviendo para mover los pistones y hacer girar las ruedas.

Partículas. Partes pequeñas de un átomo.

Pila. Implemento para almacenar electricidad que funciona cuando los metales reaccionan químicamente con los líquidos.

Pionero. El primero en realizar algo.

Poder solar. Uso de los rayos del sol para producir energía.

Protón. Parte de un átomo que porta carga eléctrica positiva (+).

Reacción química. Proceso en el cual dos o más sustancias se combinan para producir sustancias diferentes.

Resistencia. Cantidad de oposición que un material ejerce contra un flujo de corriente eléctrica que pasa por éste.

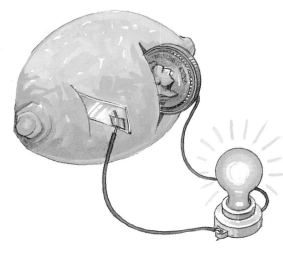

Índice

A

aguja de la brújula 12, 19
aislamiento y aislantes 18, 26, 31
ámbar 7, 30
Ampère, André 10, 16
Anderson, Charles 20, 22
arcos eléctricos 17, 24, 30

B

Barnard, Sarah 14
bobina 17, 18
bombilla 24-25
botella de Leyden 10-11, 26

C

campos magnéticos 21, 30
campo electromagnético 22, 23
central eléctrica 29
cargas eléctricas 7, 9, 30
circuitos 10, 15, 30
condensador 11, 30
conductores 26, 30
conferencias 17, 27
corriente 13, 27, 30

D

Davy, Humphry 8, 10, 12, 15

E

Edison, Thomas Alva 24
Einstein, Albert 28
electricidad estática 7, 30
electrodo 11, 25, 30
electromagnetismo 14, 22
electroimán 17, 31

F

filamentos 25
Frankestein 8
Franklin, Benjamín 9

G

Galvani, Luigi 8
generador 18, 20, 31

H

Henry, Joseph 16

I

inducción 18

L

laboratorio 12, 14
lámpara de Davy (*ver lámpara de minero*)
lámpara de minero 12
limaduras de hierro 23, 31

M

magnetismo 17, 18, 19
máquinas de vapor 24, 31
motores eléctricos 14, 24

O

Oersted, Hans 12

P

palabras sobre electricidad 25
padres (de Faraday) 6
peces eléctricos 6
pila 11, 31
pila de limón 11
polos magnéticos 13
precaución 9, 27
poder solar 26, 31

R

rayos 9, 12
Royal Institution 8, 12, 16
Rutherford, Ernest 28

S

Sturgeon, William 16
Swan, Joseph 24

T

transformadores 29,

V

velocípedo 23
Victoria, reina 28
Volta, Alessandro 10

W

Wollaston, William 15